村上祥子の
らくらく
RAKURAKU
シリーズ

むずかしいことなし！
村上祥子の **1ヵ月らくらく**
おべんとう
LunchBox 1カ月の基本レシピをローテーション
クッキング

M u r a k a m i S a c h i k o

ブックマン社

Contents

おべんとうマニュアル
- おべんとう作りのお約束 ●4
- 手早く、おいしく作るコツとこれは使える役立ちグッズ ●6
- 覚えておきたい裏ワザ集5 ●8
- 市販品であっという間にできる ●9

1カ月基本おべんとうと 主菜・副菜バリエーションのレシピ集
- おべんとう1 ● キャラメルチキン・クリームかぼちゃ・プチチーズ・ごはん ●12
- おべんとう2 ● やっこつくね・きゅうりのコリコリ・青菜のおにぎり ●14
- おべんとう3 ● さけのフライ・ほうれん草のソテー・小梅干しのごはん ●16
- おべんとう4 ● かんたん焼き豚・ブロッコリーのじゃこあえ・焼きおにぎり ●18
- おべんとう5 ● いかの炒め煮・さやいんげんのさっと煮・冷やし中華 ●20
- おべんとう6 ● 鶏のから揚げ・なすとにんじんの素揚げ・ふりかけパン ●22
- おべんとう7 ● 白身魚のふわふわ・ピーマンのそぼろ煮・なっとうごはん ●24
- おべんとう8 ● ミートボール・れんこんのカレーハリハリ・バターロール ●26
- おべんとう9 ● ぎんだらの竜田揚げ・太めのきんぴら・一口いなりずし ●28
- おべんとう10 ● 4色卵・小松菜と煮豆のごまあえ・幕の内風俵にぎり ●30
- おべんとう11 ● ポークビーンズ・フルーツサラダ・チーズパン ●32
- おべんとう12 ● かにかまと長いものミニ春巻き・ほうれん草のおひたし・卵焼き・桜ライス ●34
- おべんとう13 ● ハンバーグ・ポテトサラダ・ごま塩ごはん ●36
- おべんとう14 ● えびハンバーグ・たらこポテト・のりふりかけごはん ●38
- おべんとう15 ● ミートソーススパゲッティ・ミックスサラダ ●40
- おべんとう16 ● さけのパセリ揚げ・かぼちゃ茶巾・梅ごまごはん ●42
- おべんとう17 ● だし巻き卵・里いものマッシュ・じゃこおにぎり ●44
- おべんとう18 ● さばのかば焼き風・お豆のチーズあえ・ミニパン・りんご ●46
- おべんとう19 ● すき焼き丼・フルーツ ●48
- おべんとう20 ● ドライカレー・カリフラワーとトマトのピクルス ●50
- おべんとう21 ● しょうが焼き・きゅうりもみ・お好みおにぎり ●52
- おべんとう22 ● たらの照り焼き・ピリ辛こんにゃく・菜の花ごはん ●54
- おべんとう23 ● たこさんウインナーごはん・さつまいものサラダ ●56

おべんとう24●焼きそば・フルーツ●58
おべんとう25●ちくわとじゃがいもの甘辛煮・ブロッコリーの塩ゆで・カルシウムごはん●60
おべんとう26●カツサンド・にんじんとさけのサラダ●62
おべんとう27●カレーピラフ・鶏のから揚げ・きのことフルーツのマリネ●64
おべんとう28●ツナとキャベツのパスタ・コンビーフエッグ・ゆでグリーンアスパラガス●66
おべんとう29●桜ちらしずし・きゅうりの梅あえ・もやしのウスターソース炒め●68
おべんとう30●ミニステーキ・フライドポテト・にんじんといんげんのグラッセ・全粒パン●70

主菜・副菜バリエーション

フランククロコダイル●72

レバーの南蛮漬け●73

焼き肉●74

ちりめんとんカツ●75

チキンのチーズ焼き●76

カツとじ●77

さばのごま揚げ●78

帆立貝柱のフライ●79

あさり貝のしぐれ煮●80

天ロール●81

野菜のすり身揚げ●82

たらのオーロラソース焼き●83

じゃがいもとベーコンの肉じゃが風●84

プチトマトのごまあえ●85

筑前煮●86

大根と昆布の酢じょうゆ漬け●87

ラディッシュの甘酢漬け●88

白菜のハム巻き●89

きゅうりと春雨のサラダ●90

セロリとにんじんのきんぴら●91

えのきだけのおかかまぶし●92

玉ねぎと桜えびのかき揚げ●93

材料別さくいん●94

本文中で表示した電子レンジは600Wと500W機能のもので、2分〜2分30秒とあれば、600Wなら2分、500Wなら2分30秒ということです。2分とだけあれば、どちらも2分です。また、オーブンレンジの場合は表示時間の1.5〜2倍時間がかかるケースもあります。

第1章 おべんとうマニュアル

おべんとう作りのお約束

主菜 1/4　副菜 1/4　主食 1/2

おかずとごはんの割合
主食1/2、主菜1/4、副菜1/4が基本

　幼稚園児のおべんとうのエネルギーは、家庭で食べる1食よりやや控え目の400kcalを目安としますが、体作りのもとになるほかの栄養素については1日の所要量の約1/3がとれるように心がけます。たんぱく質15g、カルシウム170mg、鉄2.7mg、ビタミンA330IU、ビタミン$B_1$0.2mg、ビタミン$B_2$0.3mg、ビタミンC14mg、ビタミンD140IUです。そして塩分ですが、おべんとうは3g以下におさえます。

　おべんとうのエネルギー構成は、主食で150kcal、肉、魚、卵などの主菜で150kcal、野菜などの副菜で100kcal。主菜と副菜は調味料込みのエネルギーです。

　こう考えるとむずかしいようですが、おべんとう箱の1/2に主食、1/4に主菜、1/4に副菜の割合で詰めると、ほぼエネルギーも栄養素も満たされます。

食欲にあったおべんとう箱のサイズと選び方
おべんとう箱の容量と中身のエネルギーは比例する

　家政学の研究で、おべんとう箱の容量と中身のエネルギーは比例すると発表されています。350mlのおべんとう箱なら350kcal、400mlのものなら400kcalの中身が入ります。おとなのおべんとう箱は600〜800ml容量が普通ですが、子どものおべんとう箱は350〜400mlが適当なサイズ。仕切りのあるものはその分中身が入らないので、大きめの450mlサイズを求めるとよいでしょう。というのは、4才児を例にとると、日本人の栄養所要量（厚生省）では、1日の所要量が男子で1550kcal、女子で1500kcalとなります。このうち、おやつとして200kcalを差し引いて、残りを朝食、昼食、夕食でとります。おべんとうは家庭とはちがう環境で食べることを考えると、1日の1/3量よりやや軽めの400kcalあたりを目安にすると無理がありません。そこで、350〜450mlがおべんとう箱の適正サイズになるわけです。裏の表示を確認して購入します。また、購入するときに、子どもの場合は、連れていって実際に開閉させてみます。ふたが開け閉めしやすいことも大切な要素です。おとなの場合は、600〜800mlのおべんとう箱を。食欲や体格に合わせて選ぶとよいでしょう。

おべんとうを詰めるときに気をつけること
おかずもごはんも汁きり、湯気きり、油きり

　おかずを熱いうちに詰め、そのままふたをしてしまうと、おべんとう箱の中で蒸れてしまい、変質や腐敗につながります。おべんとうの中身を十分に冷まして詰めることが一等大切なことですが、おかずの汁けをきることも、変質予防のためには欠かすことのできない大切な要素です。

　その理由は、おかずの汁けが多いと、ごはんにしみ出てしまい、とてもいやなものです。作った直後に汁けをよくきったつもりでも、塩分の浸透圧の関係で、時間がたつうちに出てしまうこともあります。小ぎれいに仕上げるためにも、腐敗の防止のためにも、煮汁、湯気、油をきることがおすすめです。

　道具は、小さめの柄つきのざるとペーパータオル。汁が多い煮物や、さっとゆでもどした冷凍野菜は、ざるにあげて冷ますと同時に汁け、湯気きりをします。そのあと、4つ折りのペーパータオルに並べて汁けを取ると万全。揚げ物、ソテー物、レンジでチンしたフライ物もペーパータオルで油と湯気きりを。

　サラダやおひたしの下にポテトチップスやとろろ昆布など少量しいておくと、汁もれ防止になります。

手早く、おいしく作るコツと これは使える役立ちグッズ

手早く、おいしく作るコツ

手早くといっても、おいしくできなくてはなんにもなりません。
実は、材料と調味料の割合には、一定のルールがあるのです。
たとえば、園児1人分のおべんとうの主菜は、卵1個分の重量がちょうどよく
これを豚ロース肉1/2切れ、さけやたらの切り身1/2切れにしても、
卵1個と同じ重さの50〜60gにおさまります。
調味料の割合は、肉・魚・卵いずれか50〜60gに対して、
しょうゆ、酒、砂糖各小さじ1にすると、濃すぎず、薄すぎずの味つけになります。
しょうゆ小さじ1の代わりに、
塩は小さじ1/5、みそは小さじ11/2にしてもちょうどよい味つけにできます。

役立ちグッズ

●●●●樹脂加工の直径18cmのフライパンとふた
ソテーだけでなく、揚げ物、煮物なんにでも使えます。
直径18cmは、おとなにしろ子どもにしろ、
1人分のおかずを作るのにちょうどのサイズです。
樹脂加工なので、汚れがさっと落ち、
続けて調理ができます。
揚げ物をするときは、
油を5mm深さに入れ中火で1分間温めると、
中温(170℃)になります。
油の量が少なくて、材料が油に浸らないので、
途中で1回上下を返して。
ぴったり合うサイズのふたをもっていると、
少量の煮物のときでも、水分が蒸発しすぎず、
生煮えを防止できます。

●●●● 直径14cmの柄つきステンレス製ざる

おべんとう作りのときは、
ゆでたり、塩もみして洗ったり、水にさらしたり…と、
水けをきるプロセスの多いもの。
目のあまり細かくない小ぶりのざるがあると
大活躍します。

●●●● アルミカップ、紙カップ

本誌のおべんとう写真では中味が見えなくなるので
していませんが、汁けのあるお浸し、マリネ、サラダ
などは、大きめのアルミカップに詰め、口をギュッと
閉じておくと、汁けがまったくもれません。
ケースを使うと、ひじきの煮物や煮豆など
こまごましたおかずも、おべんとう箱の中で
散らばることがありません。

●●●● ミニスプーン

ミニスプーンは1mlスプーン[写真下の方]のこと。
小さじ1/5量で、塩なら1g分です。しかしさらさらの
塩を1/5はかるのは至難のわざ。ということで、
ミニスプーンがおすすめ。幼稚園児のおべんとう
なら、肉・魚・卵など50gもあれば十分ですが、
塩0.5〜0.9gあればおいしく調味できます。
顆粒状のだしやブイヨンのもとは
ミニスプーン1杯で0.5g。1人分の量になります。

問い合わせ・販売元；女子栄養大学代理部　TEL 03-3949-9371

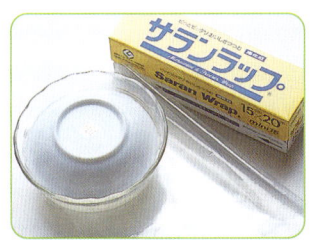

●●●● ポリ袋、直径7〜8cmの耐熱ガラスボウル、それにちょうどかぶるサイズの小皿、ラップ

1人分のおべんとう作りには、電子レンジが大活躍。
野菜の下ゆでならポリ袋で、
調味しながらの加熱なら、
耐熱ガラスボウル、それに合う
落としぶた代わりの小皿又はラップが必需品。

覚えておきたい 裏ワザ集 5

① 冷凍のおにぎり活用

梅干しを芯に入れたおにぎりをラップに包んで冷凍。
サラダ油少々をひいたフライパンで、ふたをして蒸し焼きするだけで、焼きおにぎりが。
ごはんの用意のないときに助かります。

② ソテーはバターを使わずサラダ油で

バターは冷めると固まっておいしいものではありません。
作る人も冷めたおべんとうを1度食べてみて。

③ 汁けを出さない工夫

- おひたしには、削りかつおをからませる。
- 容器の底にとろろ昆布をひとつまみ。
- サラダにはポテトチップスをポリポリ割って入れる。
- 炒めものにはポップコーンを3～4粒散らす。

この一工夫で、おべんとう箱の中はすっきり。

④ 前日のおかずの再利用

肉じゃがをつぶして丸めて衣をつければ、あっという間にコロッケが。
ハンバーグを作ったときは、ミニボールを3個ほど丸めて取り分けておきましょう。
翌日のミートボールスパゲッティのメインに使えます。

⑤ 前日からチョコッとしこむ。

銀だらの竜田揚げ、鶏肉のから揚げなど、各材料50gを適当に切って、
しょうゆ、砂糖、酒各小さじ1とポリ袋に入れて、口をしばって冷蔵。
翌朝、かたくり粉をまぶして揚げれば1コあがり。

市販品であっという間にできる
缶詰で4品

① さけ[缶]コロッケ

じゃがいも小1/2個(50g)は、ラップで包み、電子レンジで1分〜1分10秒加熱する。
フォークでつぶし、さけ(缶)20gと混ぜて2等分して丸める。
天ぷら粉を水で溶いてくぐらせ、パン粉をつけてきつね色に揚げる。

② コンビーフオムレツ

溶きほぐした卵にコンビーフ1cm厚さ1切れを混ぜ、
サラダ油を流したフライパンにあけ、中火で半熟状になるまで混ぜながら火を通して、
木の葉形にまとめる。

③ ツナサラダ

きゅうり1/2本は薄い輪切り。塩少量をふってしんなりしたら、汁けを絞る。
ツナフレーク大さじ2(20g)をマヨネーズ小さじ1であえ、
サラダ菜の上にのせて、おべんとう箱に詰める。

④ ソーセージ豆

水煮金とき豆(缶)30g、玉ねぎのみじん切り大さじ1、
ソーセージ1本の幅1cmの輪切りを耐熱ガラスボウルに入れ、
トマトケチャップ、ウスターソース各小さじ1と混ぜ、
ラップをして電子レンジ3分〜4分加熱する。
あればパセリをふって。

市販品であっという間にできる
冷凍食品で4品

揚げシュウマイ

冷凍シュウマイ2個を
市販の天ぷら粉大さじ1と水大さじ1、粉青のり少量で作った衣をからませて、
中温の油でからりと揚げる。
一口大にちぎったサニーレタスとおべんとう箱に盛りこんで。

ハンバーグのつや煮

耐熱ガラスボウルにしょうゆ、砂糖各小さじ1、水小さじ2を合わせ、
冷凍ミニハンバーグ2個（50g）を加えてからめ、ラップはかけずに
電子レンジ2分～2分30秒加熱。取り出して冷まして、おべんとう箱に詰める。

ぎょうざの焼きポン酢

フライパンにサラダ油小さじ1を入れ、冷凍ぎょうざ2個（40g）を並べ、
中火でふたをして両面きつね色になるまで焼く。
ペーパーにのせて軽く油をきって、
市販のポン酢しょうゆ小さじ2をまぶして冷ます。

ミックスベジタブルのミニグラタン

冷凍ミックスベジタブル50gは、耐熱ガラスボウルに入れて
ラップをして電子レンジ2分～2分30秒加熱。
ペーパーにあけて水分を除き、マヨネーズ小さじ2と粉チーズ小さじ1をからませて
アルミケースに移し、オーブントースターで5～6分きつね色になるまで焼く。
あれば、乾燥パセリをふる。

Murakami Sachiko

L u n c h B o x

1カ月基本おべんとうと主菜・副菜バリエーションのレシピ集

2章では1カ月分30パターンのおべんとうをお目にかけます。
巻末には単品おかずのバリエーションつき。
この本を参考にすれば、マンネリになりがちなおべんとうも
バラエティ豊かに構成できます。
これを繰り返していれば1カ月なんてあっという間。
翌月はまた1番目から始めればよいのです。
園児を持つお母さん、魅力的にダイエットしたいけれど
みんなとケーキでお茶もしたいと思っているOLさんのために、
たんぱく質、食物繊維、ビタミン類は十分で、
エネルギーは400キロカロリーどまりにレシピを組み立てました。
一度に800キロカロリーは食べるお父さん用のおべんとうなら
主食のごはんは2倍量にして、
主菜、副菜のおかずは各2品ずつ取り合わせると具合よくできます。
さぁ、今日からおべんとう作りを楽しんでください！

おべんとう 1

キャラメルを使うことで、こくとつやが出ます。
クリームかぼちゃ用に生クリームを少量使いたいときは、コーヒー用の小パックが便利

キャラメルチキン
クリームかぼちゃ
プチチーズ
ごはん

Total **404kcal** ●塩分1.7g

材料

キャラメルチキン
[1人分] 139kcal、塩分1.3g
チキンスペアリブ●4個
ミルクキャラメル●2個
しょうゆ●小さじ2
水●1/2カップ

クリームかぼちゃ
[1人分] 80kcal、塩分0.0g
かぼちゃ●50g
水●大さじ1
A コーヒー用クリーム
　　●2個[10ml]
　　はちみつ●小さじ1
サニーレタス●1/4枚

プチチーズ
[1人分] 34kcal、塩分0.3g
プチチーズ●2個[10g]

ごはん
[1人分] 151kcal、塩分0.1g
ごはん●子ども茶わん1ぱい
[100g]
他に、たまごふりかけや
焼きのりなど…

作り方

キャラメルチキン

小フライパンにチキンスペアリブ、
キャラメル、しょうゆ、水を加え、
火にかける。

Point

煮汁が1/4ぐらいになったら、
チキンの上下を返しながら、煮汁がなくなるまで煮つめる。

冷めるまでおき、おべんとう箱に詰める。

クリームかぼちゃ

かぼちゃは、種を取り皮を少しむき、
耐熱ガラスボウルに入れて水を加え、
ラップをかけ、電子レンジ2分～2分30秒加熱。

2

湯を捨て、*A*をからませ、
冷めるまでおき、サニーレタスと詰める。

おべんとう 1

おべんとう 2

ひき肉ににんじんのすりおろしを加えると、
ビタミンA補給に

やっこつくね
きゅうりのコリコリ
青菜のおにぎり

Total **385kcal** ●塩分1.1g

材料

やっこつくね
[1人分] 211kcal, 塩分0.5g
鶏ひき肉 ● 70g
にんじんのすりおろし
● 大さじ1 [10g]
かたくり粉、酒、砂糖
● 各小さじ1
しょうゆ ● 小さじ1/2
焼きのり ● 4cm角4枚
サラダ油 ● 小さじ1
サラダ菜 ● 1/2枚

きゅうりのコリコリ
[1人分] 25kcal, 塩分0.6g
きゅうり ● 1/2本 [50g]
玉ねぎのみじん切り
● 小さじ1
塩 ● 少量
ロースハム ● 1枚 [20g]
レモン ● くし型切りの
半分ぐらい

青菜のおにぎり
[1人分] 149kcal, 塩分0.0g
ごはん ● 子ども茶わん1ぱい
[100g]
青菜 [かぶの葉、みつば、
ちんげん菜などゆでて
きざむ] ● 大さじ1

作り方

やっこつくね

1
ボウルにひき肉、にんじん、かたくり粉、調味料を入れ、
粘りが出るまで混ぜて2等分する。
手に油をつけて丸め、両面にのりをはりつける。

2
フライパンを温め、サラダ油をしき、
1の鶏ひき肉ボールを並べ、
指で押さえて平らにし、中火で
両面に焼き色をつける。
さらにふたをして、弱火で2〜3分焼く。
サラダ菜とおべんとう箱に詰める。

Point

きゅうりのコリコリ
1 ● ハムは、1枚を6〜8個に切る。
2 ● きゅうりは、皮にフォークで筋目をつける。
幅7mmの輪切りにし、玉ねぎも合わせて塩をふる。
3 ● 2がしんなりしたら、ペーパーにのせて余分な水分を取る。
ハムと合わせて、おべんとう箱に詰める。
あれば、レモンを添えて。

青菜のおにぎり
1 ● ごはんにきざんだ青菜を混ぜて、2等分し、三角結びにする。
冷めたらおべんとう箱に詰める。

おべんとう 2

おべんとう 3

衣はカリッ、中はふっくらジューシィな
フライを作るために、さけは厚みを2つにそいで!!

さけのフライ
ほうれん草のソテー
小梅干しのごはん

Total **439kcal** ●塩分1.4g

材料

さけのフライ
[1人分]170kcal、塩分0.6g
さけ●1/2切れ[50g]
塩、こしょう●各少量
小麦粉、溶き卵、パン粉、
サラダ油●各適量

ほうれん草のソテー
[1人分]114kcal、塩分0.5g
ほうれん草●50g
にんじん[薄い輪切り]
●2枚
ベーコン[薄切り]
●1/2枚[15g]
塩、こしょう●少量
サラダ油●小さじ1

小梅干しのごはん
[1人分]155kcal、塩分0.3g
ごはん●子ども茶わん1ぱい
[100g]
小梅干し[減塩]●1個
いりごま[白]●少量

作り方

さけのフライ

1
さけは、火が通りやすいように薄く2枚にそぐ。
塩、こしょうして、小麦粉、溶き卵、パン粉をつける。

2
フライパンに油を5mm深さ流して
温め、1を入れ、両面1分ずつ
きつね色に揚げ、
ペーパータオルに取って油をきる。
2つに切って詰める。

Point

ほうれん草のソテー
1●ベーコンは、幅1cmに切る。
2●ほうれん草は2cm長さに、にんじんは細切りにし、
耐熱ガラスボウルに入れてラップをして
電子レンジ1分30秒〜2分加熱。
水を注いで冷ましつつアクを抜き、キュッと絞る。
3●サラダ油でベーコンと*2*を炒め、塩、こしょうする。

小梅干しのごはん
1●ごはんをおべんとう箱に詰め、小梅干しをのせ、
いりごまをふる。

おべんとう 3

おべんとう 4

電子レンジとオーブントースターで
焼き豚もかんたん

かんたん焼き豚
ブロッコリーのじゃこあえ
焼きおにぎり

Total 415kcal ● 塩分1.3g

材料

かんたん焼き豚
[1人分] 190kcal, 塩分0.8g
豚ロース肉 [豚カツ用]
● 1/2枚 [60g]
A みそ ● 小さじ1
　砂糖 ● 小さじ1
　ごま油 ● 小さじ1/4

ブロッコリーのじゃこあえ
[1人分] 64kcal, 塩分0.0g
ブロッコリー ● 50g
ごま油 ● 小さじ1
ちりめんじゃこ ● 小さじ1

焼きおにぎり
[1人分] 161kcal, 塩分0.5g
ごはん ● 子ども茶わん1ぱい [100g]
ウスターソース ● 小さじ1
ごま ● 少量

作り方

かんたん焼き豚

豚肉を耐熱ガラスボウルにのせ、ラップをして、電子レンジで1分30秒～2分加熱して火を通し、ペーパーに取り出し余分な水分を取る。

Aを混ぜて豚肉の片面にぬり、アルミホイルにのせ、オーブントースターで4～5分、きつね色にこんがり焼く。取り出して、4つに切る。

Point

ブロッコリーのじゃこあえ
1 ● ブロッコリーは、小房に分ける。水にくぐらせポリ袋へ入れる。電子レンジ1分～1分30秒加熱。
2 ● ペーパータオルにのせて冷まし、ごま油とちりめんじゃこをからめる。

焼きおにぎり
1 ● 焼き豚を焼いているオーブントースターの脇に円形にまとめたおにぎりをのせてきつね色に焼き、さらにウスターソースをスプーンの背でぬり、香ばしく焼く。ごまをふり、あれば彩りにクレソンを添える。

おべんとう 4

おべんとう 5

いかは、加熱すると水分が多量に出るので、だしや水を加える必要はありません。下に紹介した方法でゆで卵を作ると、卵黄が必ず中心にきます

いかの炒め煮
さやいんげんのさっと煮
冷やし中華

Total **416kcal** ●塩分2.9g

材料

いかの炒め煮
[1人分] 85kcal, 塩分1.0g
いかの胴
●1/4ぱい [約70g]
ごま油●小さじ1/2
A しょうゆ●小さじ1
　 砂糖●小さじ1
　 酒●小さじ1

さやいんげんのさっと煮
[1人分] 27kcal, 塩分0.8g
さやいんげん [冷凍]●50g
桜えび●5尾
しょうゆ●小さじ1
酒●小さじ1

冷やし中華
[1人分] 304kcal, 塩分1.1g
中華めん [蒸]
●1/2パック [85g]
ごま油●小さじ1/2
きゅうり千切り、
紅しょうが千切り●各少量
卵●1個
切りのり●少量

たれ
ごま油●小さじ1
酢●小さじ1
水●大さじ1
しょうゆ●小さじ1
砂糖●小さじ1

作り方

いかの炒め煮
1● いかは、皮つきのまま幅1cmの輪切りにする。
2● フライパンにごま油をひいて、いかをさっと炒め、Aを加えて、強火で汁けがなくなるまでいり煮する。
3● ペーパーに取って、余分な汁けを取って冷ます。

さやいんげんのさっと煮
1● さやいんげんは、食べよい長さに切り、桜えび、しょうゆ、酒と鍋に入れ、強火で解凍しながら火を通す。
2● ペーパーに取って冷ましておべんとう箱へ詰める。

冷やし中華

水でぬらしたティッシュペーパーをねじって直径4cmの輪を作って鍋におき、卵1個をとがった方を下にしてのせる。水大さじ1を加え、ふたをして強火。沸とうしたら、弱火12分加熱。水に取り殻をむき、花型に切る。

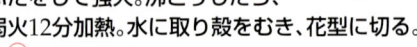

蒸し中華めんはポリ袋に入れて、電子レンジで1分～1分10秒加熱。さっと水洗いして水きり。ごま油をまぶしておべんとう箱へ。

*1*と切りのり、きゅうりや紅しょうが、たれを添える。

おべんとう
5

おべんとう 6

鶏肉と野菜を
一緒に揚げるから手早くできる

鶏のから揚げ
なすとにんじんの素揚げ
ふりかけパン

Total 435kcal ●塩分 2.0g

材料

鶏のから揚げ
[1人分] 159kcal, 塩分1.0g

なすとにんじんの素揚げ
[1人分] 83kcal, 塩分0.0g
鶏もも肉 ●50g
A しょうゆ ●小さじ1
　砂糖 ●小さじ1
　酒 ●小さじ1
かたくり粉 ●小さじ1
揚げ油 ●適量
なす ●小1個 [50g]
にんじん [1cm輪切り]
　●2個

ふりかけパン
[1人分] 193kcal, 塩分1.0g
食パン [8切り・耳なし]
　●2枚
マーガリン ●小さじ1
ふりかけ [市販] ●少量
サラダ菜 ●1枚

作り方

鶏のから揚げ　なすとにんじんの素揚げ

1 鶏肉は、3つに切って A をまぶし、5分おく。

2 1にかたくり粉を加えて、まんべんなく混ぜる。
なすは、斜め5mm間隔に切りこみを入れ、幅2cmに切る。

Point

3 フライパンに油を5mm深さ熱し、鶏肉となす、にんじんを一度に入れる。中火で両面1分間ずつ揚げて油をきる。

ふりかけパン

1 食パンにうすくマーガリンをぬり、ふりかけをかける。
サラダ菜を2等分して、それぞれのパンにのせ、くるくると巻く。

2 おべんとう箱の高さに合わせて切って詰める。

おべんとう
6

おべんとう 7

卵をつけて煮るから白身魚が
やさしい味に

白身魚のふわふわ
ピーマンのそぼろ煮
なっとうごはん

Total **404kcal** ●塩分2.0g

材料

白身魚のふわふわ
[1人分]104kcal, 塩分0.9g
白身魚[きんめだいなど]
●1/2切れ[50g]
塩、こしょう●各少量
かたくり粉●小さじ1
卵黄[溶く]●1/2個分
水●大さじ3
しょうゆ●小さじ1/2
パセリ[乾]●少量

ピーマンのそぼろ煮
[1人分]143kcal, 塩分0.9g
ピーマン●2個
[あれば赤と緑色各1個]
豚ひき肉●30g
ごま油●小さじ1/2
酒●小さじ1
しょうゆ●小さじ1
削りかつお●少量

なっとうごはん
[1人分]157kcal, 塩分0.2g
ごはん●子ども茶わん1ぱい
[100g]
なっとうふりかけ[市販]
●少量

作り方

白身魚のふわふわ

1
白身魚は、1切れを2〜3つに切り、塩、
こしょうをふり、かたくり粉をまぶす。

2
鍋に水としょうゆを入れておき、火をつけたらすぐ、
1の魚の片面に卵黄をつけて加え、手早く火を通す。
あまり長く煮ないで、卵がかたまったら上下を返す程度で。

3
魚がそり返るぐらいになったら
ペーパーに取り、水分を取って
冷まし、パセリをふる。

Point

ピーマンのそぼろ煮
1●ピーマンは、たて2等分し、種を除き、
0.8×4cmサイズに切る。
2●ごま油で豚ひき肉をソテーし、ピーマンを加え、
しょうゆと酒で調味し、削りかつお少々を
ふりこんでからめて、火を止める。
3●ペーパーで余分な水分を取りながら冷ます。

なっとうごはん
1●ごはんをおべんとう箱に詰め、なっとうふりかけをかける。

おべんとう 7

おべんとう 8

1人分のミートボールのつなぎ用溶き卵はほんの少量。
そこでマヨネーズで代用です

ミートボール
れんこんのカレーハリハリ
バターロール

Total 428kcal ●塩分2.0g

材料

ミートボール
[1人分] 211kcal, 塩分0.9g
A 合ひき肉●50g
　にんじん[すりおろし]
　　大さじ1 [10g]
　マヨネーズ●小さじ1
　水●小さじ1
　パン粉●大さじ1
サラダ油●小さじ1
B ウスターソース
　ケチャップ
　水●各小さじ1
リーフレタス●少量

れんこんのカレーハリハリ
[1人分] 73kcal, 塩分0.7g
れんこん●60g
赤ピーマン●少量[細切り]
ごま油●小さじ1
A しょうゆ●小さじ1
　水●小さじ1
　カレー粉●小さじ1/2
リーフレタス●少量

バターロール
[1人分] 144kcal, 塩分0.4g
バターロール●1個
バター[キューブ]●1個

作り方

ミートボール

1 Aの材料を合わせ、なめらかになるまで混ぜ、手にサラダ油をぬって3等分して丸める。

Point

2 フライパンにサラダ油を入れ、1を加えてころがしながらまわりに焼き色をつけ、ふたをして弱火で5分間蒸し焼きにする。

3 Bを合わせて加え、全体にからませる。ペーパータオルに取って冷ましながら、余分な油と湯気を除く。レタスと詰める。

れんこんのカレーハリハリ

1● れんこんの皮をむき、幅2mmの輪切り。れんこんが太いときは、半月に切る。酢小さじ1[分量外]を落とした水にくぐらせてアクどめ。ペーパーで水分を取る。

2● ミートボールを焼いた後のフライパンをペーパーでふき、ごま油を入れ、れんこんと赤ピーマンを炒める。Aを加え、全体にからませてレタスと詰める。

バターロール

1● バターロール1個に切りこみを入れて弁当箱に詰め、バターを添える。

おべんとう 8

おべんとう 9

子どもを魚好きにする第一歩。骨があるときは抜いておくこと。
きんぴらは子どもがはしではさみやすいようにずんぐり太めに

ぎんだらの竜田揚げ
太めのきんぴら
一口いなりずし

Total **370kcal** ●塩分2.8g

材料

ぎんだらの竜田揚げ
[1人分] 112kcal, 塩分1.1g
ぎんだら●1/2切れ[50g]
A しょうゆ●小さじ1
　砂糖●小さじ1
　酒●小さじ1
かたくり粉●小さじ1
揚げ油●適量
サラダ菜●1/2枚

太めのきんぴら
[1人分] 71kcal, 塩分1.0g
ごぼう●20g
にんじん●20g
ちくわ●小1/2本[13g]
ごま油●小さじ1/2
A しょうゆ●小さじ1
　砂糖●小さじ1
　酒●小さじ1
あればいりごま[白]
●ほんのパラパラ

一口いなりずし
[1人分] 187kcal, 塩分0.7g
ごはん●子ども茶わん1ぱい
[100g]
すし酢[市販]●小さじ1
油揚げ●1/2枚
A 水●大さじ2
　しょうゆ●小さじ1
　砂糖●小さじ1
紅しょうが●少量

作り方

ぎんだらの竜田揚げ
1● ぎんだらは3等分し、Aをからめて2〜3分おく。ペーパーにはさんで汁を取って、かたくり粉をまぶす。
2● フライパンに5mm深さの油を熱し、ぎんだらを入れ、両面中火で1分ずつ揚げて油をきる。
3● サラダ菜とおべんとう箱に詰めて。

太めのきんぴら
1● ごぼう、にんじんは、8mm角4cm長さの拍子木切り。ごぼうは、さっとゆでてアク抜き。ちくわも同サイズに。
2● フライパンで*1*をごま油で炒め、Aを加えていりつける。
3● ペーパーにのせ湯気と油分を除き、あればごまをふる。

一口いなりずし

ごはんにすし酢をかけて冷ます。

◇*2*

油揚げは、2つに切って
さっとゆでこぼし、
Aを加えて弱火で5分煮て、
ざるへ上げて冷ます。

Point

◇*3*

ペーパーにはさんで余分な汁けを取り、*1*を1/2量ずつ油揚げの角に詰め、2辺の切り口を重ねて箱型にする。おべんとう箱に詰め、紅しょうがを添える。

おべんとう 9

おべんとう 10

卵1個で作る厚焼き卵。和菓子のきんつばの形に仕上げます。
樹脂加工のフライパンと耐熱温度の高いゴムベラを使えば、形が美しく仕上がります

4色卵
小松菜と煮豆のごまあえ
幕の内風俵にぎり

Total **422kcal** ●塩分2.6g

材料

4色卵
[1人分]167kcal, 塩分1.3g
卵●1個
かまぼこ[ピンク]
●2切れ[30g]
グリーンピース[冷凍or水煮]●大さじ1[10g]
A 塩●ひとつまみ
　砂糖●小さじ1
　水●小さじ1
サラダ油●小さじ1

小松菜と煮豆のごまあえ
[1人分]101kcal, 塩分1.0g
小松菜●50g
すりごま[白]●小さじ1
砂糖●小さじ1
しょうゆ●小さじ1
煮豆[金とき豆・市販]
●20g

幕の内風俵にぎり
[1人分]154kcal, 塩分0.3g
ごはん●子ども茶わん1ぱい[100g]
塩●少量
いりごま[黒]●少量

作り方

4色卵

1 かまぼこは、グリーンピースサイズにきざむ。

2 卵を溶いてAを加えて調味し、かまぼことグリーンピースを加える。

3 樹脂加工のフライパンにサラダ油を流し、2を加え、ゴムベラで混ぜながら半熟状にし、フライパンのふちを使って4×8cm角にまとめる。裏返してへらでギュウギュウ押さえて中まで完全に火を通す。冷まして切り分ける。

Point

小松菜と煮豆のごまあえ
1●小松菜は2cm長さに切り、耐熱ガラスボウルに入れラップをして、電子レンジ1分30秒〜2分加熱。しんなりしたら水を注いで冷まし、キュッと絞る。すりごま、砂糖、しょうゆの順に加えて、そのつど混ぜてからませ、煮豆とあえる。

幕の内風俵にぎり
1●ごはんを3等分し、手のひらに水をつけ、少量の塩をつけて俵型ににぎる。指先に水をつけていりごま少量をおにぎりの上にのせる。

おべんとう
10

おべんとう 11

市販の金とき豆、大豆などの水煮豆や、ドライパックタイプのゆで豆を
肉類と合わせて電子レンジで加熱すると簡単にメインディッシュに変身

ポークビーンズ
フルーツサラダ
チーズパン

Total **376kcal** ●塩分2.1g

材料

ポークビーンズ
[1人分]83kcal、塩分0.5g
豚もも肉[薄切り]
　●1枚[20g]
金とき豆[水煮]●30g
玉ねぎのみじん切り
　●大さじ1[10g]
A ウスターソース
　　●小さじ1/2
　　トマトケチャップ
　　●小さじ1
　　水●小さじ1
パセリのみじん切り●少量

フルーツサラダ
[1人分]68kcal、塩分0.2g
キャベツ●50g
塩、こしょう●各少量
サラダ油●小さじ1
みかん[缶詰]●5個
チェリー[缶詰]●1個

チーズパン
[1人分]225kcal、塩分1.4g
食パン[8枚切り・耳なし]
　●2枚
スライスチーズ●1枚
サラダ菜●1枚

作り方

ポークビーンズ
1●豚肉は、2cm角に切る。
2●耐熱ガラスボウルにAと豚肉を入れてからませ、そのあと金とき豆と玉ねぎを加えて混ぜる。ふた代わりの小皿またはラップをして、電子レンジ3〜4分加熱。
3●取り出して全体を混ぜ、パセリをふる。

フルーツサラダ

キャベツをポリ袋に入れ、口は閉じずに電子レンジ1分加熱。しんなりしたら取り出して、袋のすみをハサミで切って水分を出し、袋の外からキュッと絞って取り出し、2cm角に切る。

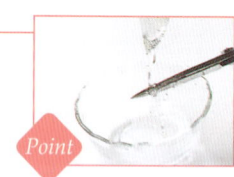
Point

2
1を塩、こしょう、サラダ油で調味し、みかん、チェリーとおべんとう箱に詰める。

チーズパン
1●食パンにチーズ、サラダ菜の順にのせ、もう1枚の食パンをかぶせる。
2●おべんとう箱のサイズに合わせて、切り分けて詰める。

おべんとう
11

おべんとう 12

おべんとう用の卵焼きは、完全に火を通したほうが安全です

かにかまと長いものミニ春巻き
ほうれん草のおひたし
卵焼き
桜ライス

Total **439kcal** ●塩分2.4g

材料

かにかまと長いものミニ春巻き
[1人分]163kcal,塩分0.7g
春巻きの皮●1枚
A かにかま[ほぐす]●20g
　ウインナーソーセージ
　●1本[15g]1本を
　十字に切る
　長いものすりおろし
　●20g
　パセリのみじん切り
　●少量
糊[小麦粉小さじ2を
水小さじ1でねったもの]
揚げ油●適量

ほうれん草のおひたし
[1人分]13kcal,塩分0.4g
ほうれん草●50g
しょうゆ●小さじ1/2
削りかつお●少量
とろろ昆布●少量

卵焼き
[1人分]111kcal,塩分0.6g
卵●1個
砂糖●小さじ1
塩●少量
サラダ油●小さじ1

桜ライス
[1人分]152kcal,塩分0.7g
ごはん●子ども茶わん1ぱい
[100g]
桜漬け大根●大さじ1

作り方

かにかまと長いものミニ春巻き

春巻きの皮を広げ、二辺のふちに糊をぬる。中央にAを合わせてのせて巻く。巻き終わりをしっかり押さえる。

Point

2

フライパンに油を5mm深さ入れて熱し、1を加えてころがしながら中火で2分間熱する。全体がプーとふくれたら、中まで火が通った証拠。

3

取り出して油をきり、食べよいサイズに切る。

ほうれん草のおひたし
1●ほうれん草は、根元に十字に切りこみを入れて、洗う。
2●2cm長さに切って耐熱ガラスボウルに入れ、ラップをして電子レンジ1分〜1分30秒加熱。
3●しんなりしたら水を注いで冷まし、キュッと絞る。しょうゆと削りかつおであえる。器の底にとろろ昆布を水もれ防止にしく。

卵焼き
1●砂糖と塩を加えて、卵を溶きほぐす。
2●フライパンを温め、油をうすくぬり、卵をながし、端からくるくると巻いて、卵焼きを作る。一口大に切り分ける。

桜ライス
1●ごはんに、みじん切りの桜漬け大根を混ぜる。

おべんとう
12

おべんとう 13

ひき肉は赤身肉のものを。
焼きちぢみが少なく、冷めてもおいしい

ハンバーグ
ポテトサラダ
ごま塩ごはん

Total 407kcal ●塩分1.1g

材料

ハンバーグ
[1人分]149kcal、塩分0.5g
A牛ひき肉[赤身]●50g
　マヨネーズ●小さじ1
　水●小さじ1
　玉ねぎのみじん切り
　●大さじ1
　パン粉●大さじ1
サラダ油●小さじ1
レタス●少量
Bトマトケチャップ
　●小さじ1
　水●小さじ1/2

ポテトサラダ
[1人分]98kcal、塩分0.1g
じゃがいも●1/2個[50g]
きゅうりの輪切り
●2cm分[10g]
トマトの1cm角切り
●大さじ1[10g]
マヨネーズ●小さじ2

ごま塩ごはん
[1人分]160kcal、塩分0.5g
ごはん●子ども茶わん1ぱい
[100g]
いりごま[黒]、塩●各少量
奈良漬け●少量

作り方

ハンバーグ
1●Aを混ぜ合わせ、2等分して、小判型にととのえる。
2●フライパンに油を熱し、1を入れ、
両面弱火で各2分ずつ火を通す。
3●竹ぐしをさして、すんだ肉汁が出れば火が通った証拠。
ペーパーに取り出し、余分な水分と油を除き、
レタスと一緒におべんとう箱に詰め、Bをぬる。

ポテトサラダ

①
じゃがいもの皮をむき、
水にくぐらせ、ポリ袋に入れて
電子レンジ1分～1分30秒加熱。
取り出して、袋の外から
おさえてマッシュする。

Point

②
ボウルに1をあけて冷まし、きゅうり、トマト、
マヨネーズを加えて混ぜる。

ごま塩ごはん
1●おべんとう箱にごはんを詰め、いりごまと塩をふる。
あれば、奈良漬け少量を添えて、おとなの気分を味わって。

おべんとう
13

おべんとう 14

えびは包丁できざむだけ。すりみにするより歯ごたえがあって、子どもは喜びます。
ポテトはたらこの塩けを調味に利用

えびハンバーグ
たらこポテト
のりふりかけごはん

Total 382kcal ●塩分2.4g

材料

えびハンバーグ
[1人分] 128kcal, 塩分1.5g
無頭えび ●小4尾 [40g]
A 玉ねぎみじん切り
　　●大さじ2 [20g]
　かたくり粉 ●小さじ2
　マヨネーズ ●小さじ1
　塩、こしょう ●各少量
いりごま [白] ●小さじ1/2
サラダ油 ●小さじ1/2
B しょうゆ ●小さじ1
　砂糖 ●小さじ1/2
　水 ●小さじ1
エンダイブ ●少量

たらこポテト
[1人分] 102kcal, 塩分0.8g
じゃがいも ●小1/2個 [50g]
塩たらこ [ほぐしたもの]
　●小さじ2
砂糖 ●小さじ1
サラダ油 ●小さじ1

のりふりかけごはん
[1人分] 152kcal, 塩分0.1g
ごはん ●子ども茶わん1ぱい
　[100g]
焼きのり ●1枚
ふりかけ ●少量

作り方

えびハンバーグ

1
えびは、殻と背ワタを除いて細かくきざむ。
Aを加えて混ぜ、小判型にまとめ、両面にごまをつける。

Point

2
フライパンにサラダ油を熱し、1を入れて両面弱火で各2分ずつ焼いて火を通す。

3
Bを加えてからませて、ペーパーに取り冷ます。
エンダイブとおべんとう箱に詰める。

たらこポテト
1●じゃがいもの皮をむき、3〜4つに切る。
2●耐熱ガラスボウルに1、塩たらこ、砂糖、サラダ油を入れて混ぜ、ラップをして、電子レンジで2分〜2分30秒加熱し冷ます。

のりふりかけごはん
1●ごはんを詰める。のりを連続して三角山型に切ってのせ、ふりかけ少量をかける。

おべんとう
14

おべんとう 15

冷凍ハンバーグを利用して作ります。
市販の冷食は、意外にたんぱく質量が少ないので、スティックチーズで補って

ミートソーススパゲッティ
ミックスサラダ

Total **406kcal** ●塩分1.6g

材料

ミートソーススパゲッティ
[1人分] 350kcal, 塩分1.4g
スパゲッティ[乾]●30g
ハンバーグ[冷凍]
●小2個[50g]
A トマトケチャップ
　●小さじ2
　水●小さじ2
スティックチーズ
●1本[12g]
エンダイブとクレソン
●少量

ミックスサラダ
[1人分] 56kcal, 塩分0.2g
きゅうり●1/4本[20g]
プチトマト●2個[20g]
レタス●1/4枚[15g]
ポテトチップス●2枚
塩、こしょう●各少量
酢、サラダ油●各小さじ1

作り方

ミートソーススパゲッティ

1
スパゲッティは、食べやすいように2つに折って、熱湯で表示時間通りにゆで、ざるへ上げ、熱いうちにサラダ油小さじ1/2[分量外]をからませ、冷めたときにくっつかないようにする。

2
ハンバーグを凍ったまま、包丁でみじん切りにし、耐熱ガラスボウルにAと入れ、混ぜる。ラップをして、電子レンジ3分〜4分加熱し、ミートソースを作る。

Point

3
おべんとう箱にスパゲッティを詰め、ミートソースをかけ、エンダイブとクレソン、スティックチーズを添える。

ミックスサラダ

1
きゅうりは、フォークで筋目を入れて、幅5mmの輪切り。プチトマトは、へたを取り2つに切る。レタスとポテトチップスは、一口大にちぎる。

2
調味料であえる。

おべんとう
15

おべんとう **16**

揚げパセリのナッツのような
香ばしさが食欲をそそる

さけのパセリ揚げ
かぼちゃ茶巾
梅ごまごはん

Total **402kcal** ●塩分1.2g

材料

さけのパセリ揚げ
[1人分] 153kcal, 塩分0.5g
さけ●1/2切れ[50g]
塩●少量
かたくり粉、卵白、パセリの
みじん切り、いりごま[白]
●各小さじ1
揚げ油

かぼちゃの茶巾
[1人分] 91kcal, 塩分0.0g
かぼちゃ[冷凍]●1個[50g]
水●大さじ1
バター●小さじ1
砂糖●小さじ2
青のり●少量
パセリ●少量

梅ごまごはん
[1人分] 158kcal, 塩分0.7g
ごはん●子ども茶わん1ぱい
[100g]
梅肉のみじん切り、
いりごま[黒・白]●各少量
野沢菜漬け[葉の部分]
●1/2枚

作り方

さけのパセリ揚げ
1●さけは、2切れにそぎ切りにし、塩をかけ、
水分をペーパーで取り、かたくり粉、卵白、パセリ、
いりごまの順にまぶす。
2●フライパンに5mm深さ油を入れて熱し、
1を中火で両面各1分ずつ揚げて油をきる。

かぼちゃの茶巾

1
耐熱ガラスボウルにかぼちゃを入れ、水を注ぎ、ラップをして
電子レンジ2分～2分30秒加熱。

2
湯を捨て、バターと砂糖を加えて熱いうちにマッシュする。

3
ラップに包んで茶巾に絞り、
トップに青のりをふる。
おべんとう箱に詰めて、
パセリを添える。

Point

梅ごまごはん
1●ごはんに梅肉、いりごまを混ぜ、
野沢菜漬けの上にのせ、くるくると巻く。

おべんとう
16

おべんとう **17**

だし巻き卵はめんつゆで作るから、だしいらず。かたくり粉を混ぜるとふっくら焼き上がります。1人分の冷凍いもの加熱には電子レンジが便利

だし巻き卵
里いものマッシュ
じゃこおにぎり

Total **392kcal** ●塩分1.2g

材料

だし巻き卵
[1人分]127kcal,塩分0.6g
卵●1個
めんつゆ[市販ストレート]
●小さじ2
かたくり粉●小さじ1/2
サラダ油●小さじ1

里いものマッシュ
[1人分]101kcal,塩分0.5g
里いも[冷凍]●2個[50g]
かにかま[ほぐしたもの]
●大さじ2[20g]
マヨネーズ●小さじ2
パセリのみじん切り●少量

じゃこおにぎり
[1人分]164kcal,塩分0.1g
ごはん●子ども茶わん1ぱい
[100g]
ちりめんじゃこ●小さじ1
粉チーズ●小さじ1
サラダ菜●1枚

作り方

だし巻き卵

1
めんつゆとかたくり粉を混ぜて、卵に加えて溶く。

2
フライパンを温め、サラダ油を入れ、*1*の1/2量を流す。はしでくるくると卵液を混ぜ、半熟状になったら、端からクレープ状に巻く。 *Point*

3
残りの*1*を流し、同様にくるくると巻き、ころがしながら中まで火を通す。ペーパータオルにのせて余分な水分を除き、おべんとう箱のサイズに合わせて切って詰め、あれば彩りにクレソンを添える。

里いものマッシュ
1●里いもをポリ袋に入れて、電子レンジで1分30秒～2分加熱する。袋の外からフォークでおさえてマッシュする。
2●器に取り出して冷まし、かにかま、マヨネーズと混ぜ、パセリをふる。

じゃこおにぎり
1●ごはんにちりめんじゃこと粉チーズを混ぜ、4等分し丸める。4等分したサラダ菜の上にのせて、おべんとう箱に詰める。

おべんとう
17

おべんとう 18

かば焼きは、冷めても
味がかわらないのでおべんとうむき

さばのかば焼き風
お豆のチーズあえ
ミニパン
りんご

Total **405kcal** ●塩分2.1g

材料

さばのかば焼き風
[1人分] 166kcal, 塩分1.0g
さば●小1切れ [50g]
小麦粉●少量
ごま油●小さじ1/2
A しょうゆ●小さじ1
　砂糖●小さじ1
　酒●小さじ1
いりごま●少量

お豆のチーズあえ
[1人分] 83kcal, 塩分0.4g
うぐいす豆 [市販] ●20g
カテジチーズ
[裏ごしタイプ] ●30g
サニーレタス●1/4枚

ミニパン
[1個] 143kcal, 塩分0.7g

りんご
[1人分] 13kcal, 塩分0.0g
りんご●1/8個
サニーレタス●少量

作り方

さばのかば焼き風

1　さばは、3枚にそぎ切りにして小麦粉をまぶし、ごま油で中火で両面各1分ずつ焼いて火を通す。

2　Aを合わせてフライパンに加え、弱火でさば全体にからめて火を止める。 *Point*

3　ペーパーに取って余分な油を除きながら冷まし、いりごまをふる。

お豆のチーズあえ
1●うぐいす豆とカテジチーズを混ぜる。
2●サニーレタスにのせておべんとう箱に詰める。

りんご
1●りんごは芯を除き、上下を少しずつ切り落とす。皮にV字カットに切り込みを入れ、その切り目に直角に皮を向くように包丁を半分まで入れて除く。
2●レタスと一緒にパンのとなりに添える。

おべんとう
18

おべんとう **19**

耐熱皿に材料を入れてチンすれば、すき焼きもあっという間。
熱が通りやすいように牛肉を上にするのがポイント

すき焼き丼
フルーツ

Total **454kcal** ●塩分1.2g

材料

すき焼き丼
[1人分] 422kcal, 塩分1.2g
牛肉[ロース薄切り]●50g
しらたき●20g
玉ねぎ●20g
焼き豆腐●50g
グリーンピース[冷凍]
　●小さじ1
A しょうゆ●小さじ1
　砂糖●小さじ1
　酒●小さじ1
卵●1個
ごはん●子ども茶わん1ぱい
[100g]

フルーツ
[1人分] 32kcal, 塩分0.0g
いちご●2個
キウィ●1/2個
あれば食用花●少量

作り方

すき焼き丼

1
牛肉は、2×4cmに切る。しらたきは、3〜4cmに切る。玉ねぎは、幅1cmのくし形切りにしてほぐす。焼き豆腐は、4つに切る。

2
耐熱ガラスボウルにAを入れ、牛肉を加えてからませる。残りの材料を加え、牛肉をひき出して上にかぶせ、ラップをして、電子レンジで3分〜4分、肉に火が通るまで加熱する。

Point

3
一度取り出して、卵を溶いてかけ、ラップをもどし、さらに1分加熱する。

4
おべんとう箱にごはんを詰め、3をのせる。

フルーツ

1
いちごはへたを取り、キウィは皮をむいて食べよいサイズに切って、別容器で添える。あれば、彩りに食用花の花びらを添えてもよい。

おべんとう
19

おべんとう 20

また作って！とリクエスト間違いなしのドライカレー。
よく混ぜて味をなじませるのがポイント

ドライカレー
カリフラワーとトマトのピクルス

Total **402kcal** ●塩分1.5g

材料

ドライカレー
[1人分]381kcal,塩分1.2g
A 牛ひき肉●50g
　玉ねぎのみじん切り
　●大さじ2 [20g]
　にんじんのすりおろし
　●大さじ1 [10g]
　グリーンピース[冷凍]
　●大さじ1 [10g]
　サラダ油●小さじ1
　しょうゆ●小さじ1
　酒●小さじ1
　カレー粉●ミニスプーン1
　[小さじ1/5]
ゆでうずら卵[市販]●1個
らっきょう漬け●1個
ごはん●子ども茶わん1ぱい
[100g]

**カリフラワーと
トマトのピクルス**
[1人分]21kcal,塩分0.3g
カリフラワー●50g
A 酢●小さじ1
　水●大さじ1
　砂糖●小さじ1
　塩●ミニスプーン1
　[小さじ1/5]
プチトマト●1個
パセリのみじん切り●少量
エンダイブ●少量

作り方

ドライカレー

1
おべんとう箱にごはんを詰める。

2
耐熱ガラスボウルにAの材料を
全部入れて、まんべんなく混ぜる。
ラップをして電子レンジ3分〜4分
加熱する。取り出して、もう一度
よく混ぜて味をいきわたらせる。

Point

3
1のごはんの上に2をのせ、うずら卵とらっきょうを添える。

カリフラワーとトマトのピクルス

1
カリフラワーは、小ぶりの小房に分ける。
Aと耐熱ガラスボウルに入れてからませ、ラップをして
電子レンジ1分〜1分30秒加熱。

2
取り出して、へたを除いたプチトマトと
パセリを加えて冷ます。
ペーパーに取って水分を取り、
エンダイブとおべんとう箱に詰める。

おべんとう
20

おべんとう 21

しょうが焼きは、
かたくり粉をまぶしてつやよく仕上げる

しょうが焼き
きゅうりもみ
お好みおにぎり

Total **376kcal** ●塩分1.7g

材料

しょうが焼き
[1人分] 207kcal, 塩分1.0g
豚うす切り肉[肩ロース]
●50g
オクラ●2本
サラダ油●小さじ1
A しょうが[おろしたもの]
　●小さじ1/3
　しょうゆ●小さじ1
　砂糖●小さじ1
　酒●小さじ1
　水●小さじ1

きゅうりもみ
[1人分] 14kcal, 塩分0.6g
きゅうり●1/2本
A 酢●小さじ1
　砂糖●小さじ1
　しょうゆ●小さじ1/2
とろろ昆布●少量

お好みおにぎり
[1人分] 155kcal, 塩分0.1g
ごはん●子ども茶わん1ぱい
[100g]
ふりかけ●少量
焼きのり●4×10cm 2枚

作り方

しょうが焼き

1
豚肉は、7cm長さに切る。
オクラは、両端を5mmほど落とす。
ガクのまわりをくるりとむく。

Point

2
フライパンを温め、サラダ油を入れ、豚肉を広げて並べ、
両面中火で1分ずつ焼く。

3
オクラを加え、A を合わせて回しかけ、弱火にして、
豚肉とオクラにたれをからませて、火を止める。
ペーパーにのせて、余分な汁けを除きながら冷ます。

きゅうりもみ
1●きゅうりは、うすい輪切りにし、塩少量[分量外]を
ふって2〜3分おき、しんなりしたら水洗いし、
ペーパーに包んでかたく絞る。A を合わせてあえる。
2●1をおべんとう箱に詰め、とろろ昆布ひとつまみのせる。

お好みおにぎり
1●ごはんを2等分し、俵型のおにぎりを作り、
上下にふりかけをまぶし、中央に4cm幅に切ったのりを巻く。

おべんとう
21

おべんとう **22**

魚はアトピーの心配のない良質のたんぱく質食品。
子どもの好きな味付けで食べさせて

たらの照り焼き
ピリ辛こんにゃく
菜の花ごはん

Total **341kcal** ●塩分 2.8g

材料

たらの照り焼き
[1人分] 108kcal、塩分1.1g
たら●1/2切れ[60g]
小麦粉●小さじ1/2
しめじ●20g
A｜サラダ油●小さじ1
　｜しょうゆ●小さじ1
　｜砂糖●小さじ1
　｜酒●小さじ1

ピリ辛こんにゃく
[1人分] 68kcal、塩分1.5g
こんにゃく●50g
なるとかまぼこ
　●8切れ[30g]
ごま油●小さじ1
A｜しょうゆ●小さじ1
　｜砂糖●小さじ1

菜の花ごはん
[1人分] 165kcal、塩分0.2g
ごはん●子ども茶わん1ぱい
　[100g]
たまごふりかけ●少量
パセリのみじん切り●少量
粉チーズ●小さじ1

作り方

たらの照り焼き
1●たらに骨があれば抜いて、小麦粉をまぶす。
しめじはほぐす。フライパンを熱し、サラダ油を流し、
たらの両面を中火で1分ずつ焼く。
[身が厚いときは弱火で2分ずつ焼く]
2●Aを合わせて加え、しめじも加え一緒にたらにからませ、
汁けがなくなったら、ペーパーにのせて
余分な油や湯気を除きながら冷ます。

ピリ辛こんにゃく
1●こんにゃくは、1cm幅3cm長さの
短冊切り。フライパンに入れて
アク抜きのためからいりし、
水分がとんだら、ごま油を加え、
白い泡がたつまでソテーする。

Point

2●なるとかまぼことAを加え、汁けがなくなるまで煮つめて、
ペーパーに取り、冷ます。

菜の花ごはん
1●ごはんにたまごふりかけ、パセリのみじん切り、
粉チーズをふりかける。

おべんとう
22

おべんとう 23

おべんとうの定番、
たこさんウィンナーをごはんの上にのせて

たこさんウィンナーごはん
さつまいものサラダ

Total **394kcal** ●塩分1.0g

材料

たこさんウィンナーごはん
[1人分]273kcal, 塩分0.7g
ウィンナー●2本[30g]
春雨[乾]●少量[2〜3g]
揚げ油●適量
パセリのみじん切り●少量
ごはん●子ども茶わん1ぱい[100g]

さつまいものサラダ
[1人分]121kcal, 塩分0.3g
さつまいも●50g
あんず●1個
砂糖●小さじ2
塩●少量
マヨネーズ●小さじ1
クレソン●少量

作り方

たこさんウィンナーごはん

1
ウィンナーは、たて2等分し、下方1/3に切りこみを3本入れる。フライパンに揚げ油を5mm深さ入れて高温に熱し、春雨を加え、真っ白になったら取り出して油をきる。

Point

2
火を止めて、油にウィンナーを入れ、足の切りこみが開いたら取り出す。

3
おべんとう箱にごはんを詰め、春雨をくだいて散らし、ウィンナーをのせ、パセリをところどころにふる。

さつまいものサラダ

1
さつまいもの皮をむき、幅1cmの輪切りにする。耐熱ガラスボウルに入れ、水大さじ1を加え、ラップをして電子レンジ1分〜1分10秒加熱。

2
水を捨て、4等分したあんずを加え、砂糖、塩、マヨネーズであえる。クレソンを添えておべんとう箱に詰める。

おべんとう
23

おべんとう **24**

具とそばを炒めたソース焼きそば。
冷やし中華とはまたちがったおいしさ

焼きそば
フルーツ

Total **419kcal** ●塩分2.1g

材料

焼きそば
[1人分]387kcal, 塩分2.1g
中華そば[蒸し]
●1/2パック[85g]
焼き豚●30g
卵●1個
砂糖●小さじ1
塩●少量
サラダ油●小さじ1/2
きゅうり●1/4本[20g]
赤ピーマン●1/2個[10g]
ごま油●小さじ1
ウスターソース●小さじ1
いりごま[白]●少量

フルーツ
[1人分]32kcal, 塩分0.0g
みかん[缶詰]●5〜6房
りんご●1/8個
ミントの葉●少量

作り方

焼きそば

1
卵は、ほぐして砂糖と塩で調味し、油で薄く焼き、5mm幅の短冊切り。焼き豚も、5mm幅の短冊切り。きゅうりは、3mm幅の半月切り。赤ピーマンは、3mm幅の細切りにする。

Point

2
中華そばは、十字に包丁を入れて、ごま油でソテーし、ウスターソースで調味する。

3
*2*に*1*を加えて、さっと炒めて冷まし、おべんとう箱に詰めて、ごまをふる。

フルーツ

1
みかんと飾り切りしたりんごを器に詰め、ミントの葉を添える。

おべんとう
24

おべんとう **25**

電子レンジで作る甘辛煮は、小皿を落としぶた代わりにのせる
テクニックでたったの2分

ちくわとじゃがいもの甘辛煮
ブロッコリーの塩ゆで
カルシウムごはん

Total **402kcal** ●塩分2.8g

材料

ちくわとじゃがいもの甘辛煮
[1人分]128kcal, 塩分1.5g
ちくわ●小1本[25g]
じゃがいも●1/2個[50g]
A しょうゆ●小さじ1
　砂糖●小さじ1
　酒●小さじ1
　水●大さじ1
　サラダ油●小さじ1

ブロッコリーの塩ゆで
[1人分]72kcal, 塩分0.8g
ブロッコリー●2房[40g]
塩●少量
ハム●1枚[20g]
マヨネーズ●小さじ1/2

カルシウムごはん
[1人分]202kcal, 塩分0.5g
ごはん●子ども茶わん1ぱい
[100g]
プロセスチーズ●1cm
厚さ[15g]みじん切り
パセリのみじん切り●少量
しば漬けちりめんふりかけ
●小さじ1

作り方

ちくわとじゃがいもの甘辛煮

1
ちくわは、幅1cmに切る。
じゃがいもは、皮をむいて4つに切る。

2
耐熱ガラスボウルにAを入れ、
じゃがいも、ちくわを入れる。
ラップをはりつけるようにかぶせ、
小皿を落としぶた代わりにのせて
ラップをかぶせ、電子レンジ
1分30秒〜2分加熱。

Point

3
取り出して全体を混ぜ、冷めるまでおき、味をふくませる。

ブロッコリーの塩ゆで
1●ブロッコリーは、小房に分け、
塩を加えた熱湯でゆでて冷ます。
2●ハムは、くるくると巻き、マヨネーズを絞る。
3●ピックでハムを突きさし、ブロッコリーを留める。

カルシウムごはん
1●ごはんをおべんとうに詰めて中央にチーズをのせ、
パセリをふる。
2●まわりにしば漬けちりめんのふりかけを散らす。

おべんとう
25

おべんとう **26**

揚げたてをソースにジャッとつけてパンにはさむこと。
これが汁もれ防止の㊙ワザ

カツサンド
にんじんとさけのサラダ

Total **394kcal** ●塩分2.7g

材料

カツサンド
[1人分]341kcal、塩分1.7g
豚肉[もも肉]●1/2枚[60g]
塩、こしょう●各少量
小麦粉、溶き卵、パン粉
●各適量
揚げ油●適量
食パン[6枚切り]●1枚
とんかつソース●小さじ2
キャベツ●1/4枚

にんじんとさけのサラダ
[1人分]53kcal、塩分1.0g
にんじん●40g
さけ[甘塩]●1/5切れ
A 塩●ミニスプーン1
　　[小さじ1/5]
　こしょう●少量
　酢●小さじ1/2
　サラダ油●小さじ1/2
パセリのみじん切り●少量

作り方

カツサンド

1
豚肉は、塩、こしょうをし、小麦粉、溶き卵、パン粉をつける。

2 *Point*
フライパンに油を5mm深さ入れて中温に熱し、1を加え、中火で両面2分ずつじっくり時間をかけながらきつね色に揚げる。ペーパーにのせて油をきり、皿に入れたとんかつソースに移し、両面に吸わせる。

3
食パンを軽くトーストして2つに切り、片方にキャベツと2をのせ、もう片方をかぶせ、食べよいサイズに切る。

にんじんとさけのサラダ

1
にんじんは、4cm長さの千切り。
さけは、ラップに包んで、電子レンジ30秒加熱。取り出して、皮と骨を除いてほぐす。

2
1、Aを合わせて混ぜ、パセリのみじん切りをふる。

おべんとう
26

おべんとう **27**

市販のから揚げはカロリー高め。野菜をたっぷり補って

カレーピラフ
鶏のから揚げ
きのことフルーツのマリネ

Total **405kcal** ●塩分1.4g

材料

カレーピラフ
[1人分]241kcal、塩分0.5g
ごはん●子ども茶わん1ぱい
[100g]
玉ねぎのみじん切り
●大さじ1
グリーンピース[冷凍]
●大さじ3
無頭えび●3尾[30g]
サラダ油●小さじ1
塩、こしょう●各少量
カレー粉●ミニスプーン1
[小さじ1/5]

鶏のから揚げ
[1人分]117kcal、塩分0.4g
鶏から揚[市販冷凍]
●2個[140g]
にんじん[5mm厚さ輪切り]
●3〜4枚

きのことフルーツのマリネ
[1人分]47kcal、塩分0.5g
しめじ●10g
生しいたけ●1枚
りんご●1/8個
きゅうり●2cm
A 酢●小さじ1
　サラダ油●小さじ1
　砂糖●小さじ1
　塩●ミニスプーン1
　[小さじ1/5]
ポプコーン●少々

作り方

カレーピラフ
1● えびは、背ワタと殻を除き、グリーンピースとから揚げ用のにんじんを一緒にゆでる。
2● 玉ねぎとごはんをサラダ油でソテーし、塩、こしょう、カレー粉と調味し、おべんとう箱に詰める。
3● *2*の上に*1*を飾る。

鶏のから揚げ
1● ペーパータオルを2つ折りにして、冷凍のから揚げをのせ、ラップはかけずに電子レンジ1分〜1分30秒加熱する。
2● 取り出して冷まし、おべんとう箱に詰め、ゆでたにんじんを添えて。

きのことフルーツのマリネ

◇*1*
しめじは、ほぐす。生しいたけは、石づきを除き、4つに切る。ラップに包み、電子レンジ40秒加熱。

◇*2*
りんごは、芯を取りイチョウ切り。
きゅうりは、5mm幅の半月切り。 *Point*

◇*3*
*1*と*2*を*A*であえて、おべんとう箱に詰める。
ポプコーンを4〜5個散らしておくと、汁もれ防止に。

おべんとう
27

おべんとう **28**

今、ちまたで大流行の
キャベツのパスタをおべんとうにもぜひ！

ツナとキャベツのパスタ
コンビーフエッグ
ゆでグリーンアスパラガス

Total **436kcal** ●塩分1.8g

材料

ツナとキャベツのパスタ
[1人分] 248kcal, 塩分1.1g
スパゲッティ[乾] ●30g
キャベツ ●1枚
ツナ[缶詰] ●30g
オリーブ油 ●小さじ1
塩、こしょう ●各少量

コンビーフエッグ
[1人分] 177kcal, 塩分0.7g
コンビーフ[缶詰] ●30g
ゆでうずら卵[缶詰] ●2個
A 天ぷら粉 ●大さじ2
　 水 ●大さじ1
揚げ油 ●適量

ゆでグリーンアスパラガス
[1人分] 11kcal, 塩分0.0g
グリーンアスパラガス ●1本
削りかつお ●少量

作り方

ツナとキャベツのパスタ

1 キャベツは、芯を除き幅1cmの細切り。熱湯をわかし、塩小さじ1を加え、キャベツを柄つきざるに入れて熱湯に沈め、すぐ引き上げる。 *Point*

2 残りの湯で、子どもが食べやすいようにスパゲッティを2つに折って表示時間通りにゆで、ざるへ上げる。

3 *1*のキャベツ、スパゲッティ、ツナ、オリーブ油、塩、こしょうであえる。

コンビーフエッグ

1 ●コンビーフをほぐして2等分。ゆでうずら卵の水けをペーパーで除き、天ぷら粉[分量外]をまぶし、コンビーフで包む。
2 ●フライパンに油を5mm深さ入れ、中温に温める。
3 ●*A*を溶いて*1*のまわりにベタベタとつける。油に入れて、まわりをきつね色に揚げ、油をきる。2つに切って盛りこむ。

ゆでグリーンアスパラガス

1 ●グリーンアスパラガスの下3cmはかたいので切り落とし、3〜4cm長さに切ってさっとゆで、削りかつおをまぶして添える。塩けはなしでもおいしい。

おべんとう
28

おべんとう 29

ちりめんじゃこで
カルシウムもたっぷりのちらしずし

桜ちらしずし
きゅうりの梅あえ
もやしのウスターソース炒め

Total **421kcal** ●塩分3.1g

材料

桜ちらしずし
[1人分]315kcal, 塩分1.8g
ごはん●子ども茶わん1ぱい[100g]
すし酢[市販]●大さじ1
ちりめんじゃこ●小さじ1
A 卵●1個
　砂糖●小さじ1
　塩●少量
サラダ油●小さじ1
桜でんぶ●大さじ1
さやいんげん●1本

きゅうりの梅あえ
[1人分]13kcal, 塩分0.6g
きゅうり●1本
梅干し●1/2個
削りかつお●少量

もやしのウスターソース炒め
[1人分]93kcal, 塩分0.7g
もやし●30g
生しいたけ●1枚
ベーコン●1/2枚[10g]
サラダ油●小さじ1
ウスターソース●小さじ1

作り方

桜ちらしずし

1
ごはんにすし酢をかけて、ちりめんじゃこを加えて混ぜ、おべんとう箱に詰める。

2
Aを溶いてうす焼き卵を焼き、4cm長さの細切りにする。さやいんげんは、ゆでて1cm長さに切る。 **Point**

3
1のごはんに錦糸卵を散らし、桜でんぶとさやいんげんをのせる。

きゅうりの梅あえ
1●きゅうりは、2cm長さの短冊切り。梅肉をたたいて削りかつおとあえる。

もやしのウスターソース炒め
1●生しいたけは、石づきを取り、4つに切る。ベーコンは、幅2cmに切る。
2●ベーコン、生しいたけ、もやしをサラダ油で炒め、ウスターソースで調味する。

おべんとう
29

おべんとう **30**

冷凍フライドポテトや他の冷凍食品も強火で揚げると油ハネしません

ミニステーキ
フライドポテト
にんじんといんげんのグラッセ
全粒パン

Total **401kcal** ●塩分1.9g

材料

ミニステーキ
[1人分] 120kcal、塩分0.9g
牛ヒレ肉[ステーキ用]
●50g
塩、こしょう●各少量
サラダ油●小さじ1
A 酒●小さじ1/2
　しょうゆ●小さじ1/2

フライドポテト
[1人分] 83kcal、塩分0.2g
フライドポテト[冷凍]
●50g
揚げ油●適量
塩●少量

にんじんといんげんのグラッセ
[1人分] 24kcal、塩分0.1g
にんじん●30g
さやいんげん[冷凍]●20g
A 水●大さじ1
　塩●少量
　砂糖●小さじ1
　サラダ油●小さじ1/2

全粒パン
[1人分] 174kcal、塩分0.7g
全粒パン●50g
バター●小さじ1
あれば、エンダイブ●少量
赤ピーマン●少量[細切り]

作り方

ミニステーキ
1● 牛肉に塩、こしょうし、両面サラダ油で強火で各1分ずつ焼いて、中まで火を通す。
2● Aをかけて全体にからませ、粗熱がとれたら、幅1〜1.5cmに切り分ける。

フライドポテト
① フライパンに油を5mm深さ入れ、冷凍のフライドポテトを凍ったまま加え、強火に点火。 *Point*

② 油の温度が上がってきて、ポテトの下側がきつね色になったら上下を返し、同じようにきつね色に揚げる。

③ ペーパーにのせて油をきり、軽く塩をふる。

にんじんといんげんのグラッセ
1● にんじんは、たて4等分し、皮をむく。さやいんげんは、凍ったまま4cm長さに切る。
2● 耐熱ガラスボウルに1を入れ、Aを加え、ラップをして電子レンジ3分〜3分30秒加熱。取り出して冷まし、ペーパーにのせて水分を除いて、おべんとう箱に詰める。

全粒パン
1● 全粒パンは2つに切って、バターをぬる。エンダイブ、赤ピーマンとおべんとう箱に詰める。

おべんとう
30

バリエーション
主菜 肉
1

フランククロコダイル

フランクフルトとミニウインナーのダブルソーセージで作るワニさんです。
ちょっと手をかけるとかわいいおかずに変身

233kcal ●塩分*1.8g*

材料
[1人分]
フランクフルト●1本
ミニウインナー●2本
サラダ油●小さじ2
グリンピース●1個
黒ごま●4個

作り方

1
フランクフルトは尾の部分はV字カット。口、目、足の部分は切りこみを、背中はかのこに切りこみを入れる。

2
ミニウインナーは、1本はそのまま、もう1本はたて半分に切り、さらにそれぞれを2つに切って、切りこみを指のように入れる。

3
1、2をフライパンにサラダ油を熱して焼き、足を切りこみにはさみ、ウインナー1本は口にくわえさせる。目は2つ割りしたグリンピースと黒ごまでつけ、残りの黒ごま2個でお鼻を。

バリエーション
主菜 肉
2

レバーの南蛮漬け

鉄分補給にはレバー！とわかっていても絶対おいしくなきゃ作りたくない…
と思いませんか？その心配をハネ飛ばしてくれるレシピです

121kcal ●塩分0.5g

材料
[1人分]
豚レバー[薄切り]●50g
小麦粉●小さじ1
サラダ油●小さじ2
A 酢●小さじ1
　しょうゆ●小さじ1
　砂糖●小さじ1
　水●小さじ2
赤唐辛子の輪切り●3個

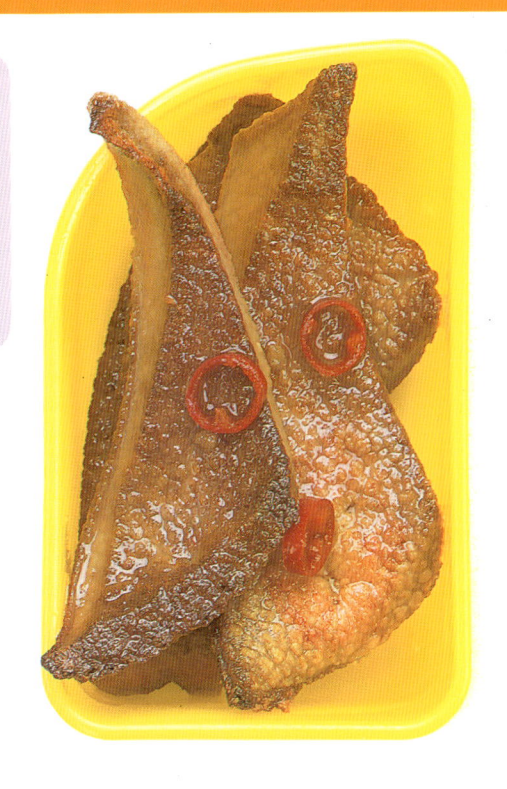

作り方

1
ペーパーにはさんでレバーの表面の血を取って小麦粉をまぶし、
サラダ油で中火で両面を1分ずつ焼く。

2
Aを合わせ、1と赤唐辛子をつけこみ、冷ます。汁をきって詰める。

バリエーション
主菜 肉 3

焼き肉

1番人気のおかずの牛の焼き肉はたんぱく質も鉄分もたっぷり。もりもり食べてパワーアップに

109kcal ●塩分0.7g

材料
[1人分]
牛もも肉[薄切り]●50g
サラダ油●小さじ1
焼き肉のたれ●小さじ2
ピーマン●1/2個

作り方

① 牛もも肉は、7cm長さに切る。ピーマンは2つに切り、種を除く。

② サラダ油で1を両面中火で各1分焼き、焼き肉のたれを加えてからませる。ペーパーに取って余分な油と湯気を除き、冷ます。

バリエーション
主菜 肉
4

ちりめんとんカツ

ちょっとした工夫で豚もも肉の薄切りがカルシウムとヨード、鉄分たっぷりのビッグなおかずに。ウルトラ級においしいのもうれしいところ

161kcal ●塩分0.1g

材料
[1人分]
豚もも肉[薄切り]
●2枚[50g]
青のり粉●小さじ1/2
ちりめんじゃこ●小さじ2
小麦粉、溶き卵、パン粉
●各適量
サラダ油●適量

作り方

1
豚肉を広げ、青のりをふりかけ、ちりめんじゃこを1/2量ずつ中央にのせる。

2
4cm幅に折りたたみ、小麦粉、溶き卵、パン粉の順につける。

3
フライパンに油を5mm深さ流して温め、中火で1分ずつ両面をきつね色に揚げ、油をきる。塩、こしょう要らずの歯ごたえのよいカツです。

バリエーション
主菜 肉
5

チキンのチーズ焼き

高たんぱく質で低カロリーの鶏のムネ肉。
チーズ、ケチャップ、マヨネーズの3種の味でコクと風味が大幅アップ

109kcal ●塩分 0.4g

材料
[1人分]
鶏ムネ肉[皮なし]●50g
A ケチャップ●小さじ1
　マヨネーズ●小さじ1
ピザチーズ●小さじ2
パセリのみじん切り●少量

作り方

1
鶏ムネ肉は、3枚のそぎ切りにし、アルミホイルをしいた天板に並べ、Aを合わせて表面にぬる。

2
ピザチーズをのせ、パセリをふり、オーブントースターで7〜8分全体に火が通るまで焼く。

バリエーション
主菜 肉
6

カツとじ

市販品利用で手軽に豚カツの卵とじを作ります。電子レンジを使えば2〜3分ででき上がり。ただし、オーブンレンジの方は多少時間がかかります

322kcal ●塩分1.7g

材料
[1人分]
豚カツ[市販]
● 1/2切れ[60g]
A しょうゆ●小さじ1
　砂糖●小さじ1
　酒●小さじ1
　水●小さじ1
みつば●4本
卵●1個

作り方

① 豚カツは、幅1.5cmに切る。耐熱ガラスボウルにAを入れて混ぜ、豚カツを並べる。ラップをして、電子レンジ1分〜1分30秒加熱。

② 取り出して、3cm長さに切ったみつばを散らし、溶き卵を回しかけ、ラップをもどし、さらに1分レンジで加熱する。

バリエーション
主菜 魚介 1

さばのごま揚げ

さばの竜田揚げをひとひねり。白ごまをつけて揚げたらさらに香ばしくなりました。ごまだらけにならぬよう、かるくつけてください

245kcal ●塩分1.0g

材料
[1人分]
さば●小1切れ[50g]
A しょうゆ●小さじ1
　砂糖●小さじ1
　かたくり粉●小さじ1
いりごま[白]●少量
サラダ油●適量
クレソン●少量

作り方

1
さばを2～3つに切り、Aをからませ、いりごまをつける。

2
フライパンに油を5mm深さ入れ、中温に熱し、1を入れ、中火で両面1分ずつ手早く揚げて、油をきる。クレソンを添えて。

バリエーション
主菜 魚介 2

帆立貝柱のフライ

とってもおいしい帆立貝柱のフライ。
フリーザーに1〜2個残っていたらぜひ作ってみて！

154kcal ●塩分0.4g

材料
[1人分]
帆立貝柱[冷凍]
●大1個[50g]
小麦粉、溶き卵、パン粉、
サラダ油●各適量
レタス●1/4枚
A パセリのみじん切り
　●小さじ1
　マヨネーズ●小さじ1
　牛乳●小さじ1/2

作り方

1
帆立貝柱は、ペーパーにのせて、電子レンジ弱ボタンまたは生もの解凍ボタンで1分加熱して解凍。2つにそぎ切りにし、小麦粉、溶き卵、パン粉をつける。

2
フライパンに5mm深さの油を入れて中温に熱し、1を加え、両面中火で1分ずつ揚げて油をきる。レタスをしいた上にのせ、Aを合わせてかける。

バリエーション
主菜 魚介 3

あさり貝のしぐれ煮

あさり貝は丸々一尾の魚を食べるのと同じで
たんぱく質、鉄分、ビタミンDもたっぷり。にんじんの甘みがいっぱいです

48kcal ●塩分1.2g

材料
[1人分]
あさり貝[缶詰]
●30g [汁をきって]
にんじん●20g
しょうゆ●小さじ1
酒●小さじ1

作り方

1

鍋にあさり貝、千切りにんじんと調味料を入れて中火にかけ、
はしで煮汁がなくなるまでいりつける。

バリエーション
主菜 魚介 4

天ロール
太巻きずしを1/2本分作るときは、のり1/2枚をたて長にすだれにおくこと。
横長ではありません。発想の転換で不可能が可能に

206kcal ●塩分1.4g

材料
[1人分]
えび天[市販]●小1個
サラダ菜●1枚[たて2等分]
ザーサイ[きざんで]
いりごま[白]●小さじ1/2
ごはん●子ども茶わん1ぱい
[100g]
焼きのり●1/2枚

作り方

① のりをたて長にすだれの上におき、ごはんを2/3の面積に広げる。
えび天とサラダ菜をのせ、ザーサイといりごまを散らし、のり巻きの要領で巻く。

② 2つに切り分ける。

バリエーション
主菜 魚介 5

野菜のすり身揚げ

野菜の切り方はみじん切りではないのですが、それでもすり身と野菜はうまく
ドッキングしてさつま揚げ風に。タネは油をつけた指でつまんでまとめるとよいでしょう

65kcal ●塩分0.8g

材料
[1人分]
すり身[市販]●30g
さつまいも[2mm輪切り]
●3枚
ピーマン●1/2個[千切り]
にんじん[薄切り]
●3枚[千切り]
サラダ油●適量

作り方

1
材料を混ぜ合わせ、3等分する。

2
フライパンに油を5mm深さ入れ、中温に温める。
1を指でつまんで入れ、両面からりと揚げ、油をきる。

バリエーション
主菜魚介 6

たらのオーロラソース焼き

帝国ホテルの厨房から生まれたカレー風味のオーロラソース焼き。
魚のクセを取り去って、香ばしくグリルしてくれます

81kcal ●塩分 0.5g

材料
[1人分]
たら●1/2切れ [50g]
小麦粉●小さじ1
A マヨネーズ●小さじ1
　ケチャップ●小さじ1
　カレー粉●ミニスプーン1
　[小さじ1/5]
パセリのみじん切り●少量
リーフレタス●1/5枚

作り方

①
たらは、2つに切って、小麦粉をまぶす。
アルミホイルをしいて薄くサラダ油[分量外]をぬった天板にのせる。

②
Aを合わせて表面にぬり、パセリをふり、オーブントースターで
8〜10分、火が通るまで焼く。リーフレタスと盛りこんで。

バリエーション 副菜 1

じゃがいもとベーコンの肉じゃが風

ベーコンは生肉とちがって加熱済み食品。ベーコンを使って、電子レンジにかければ、スピーディーに肉じゃがのでき上がり。もちろん、お味も保障つきです

98kcal ●塩分1.1g

材料
[1人分]
じゃがいも●小1/2個[50g]
玉ねぎ●1/10個[20g]
ベーコン●1/2枚
A しょうゆ●小さじ1
　砂糖●小さじ1
　酒●小さじ1
　水●大さじ1

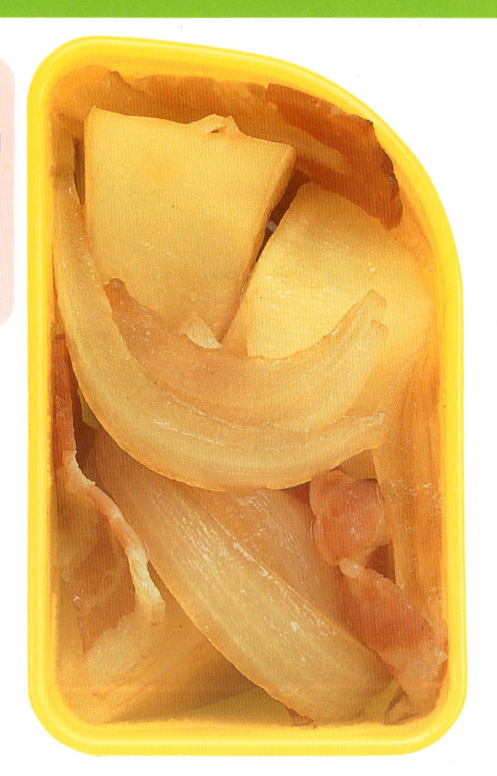

作り方

1
じゃがいもは、皮をむいて4つに切る。玉ねぎは、幅1cmのくし形切り。ベーコンは、幅2cmに切る。

2
耐熱ガラスボウルにAを入れ、1を加えて混ぜる。
ラップを直接はりつけるようにのせ、小皿を重石代わりにのせて、ラップをかぶせ、電子レンジ2分30秒〜3分加熱する。じゃがいもに竹ぐしが通れば、でき上がり。

バリエーション
副菜 2

プチトマトのごまあえ

低カロリーで食物繊維たっぷりの一品が欲しいな、というときにどうぞ。
プチトマトのごまあえ、意外なおいしさです。

36kcal ●塩分 0.3g

材料
[1人分]
プチトマト●4個
すりごま●小さじ1
しょうゆ●小さじ1/3

作り方

1
プチトマトは、へたを取って2つに切る。

2
器に1を入れ、すりごま、しょうゆの順に加えてあえる。

バリエーション
副菜 3

筑前煮

雪、冷夏など気象条件に左右されることのない冷凍野菜は旬の味がびっちり詰まっています。ボイル済みなので調理もラク

122kcal ●塩分0.9g

材料
[1人分]
和風煮ものミックス[冷凍]
● 70g
鶏肉[こま切れ] ● 30g
A しょうゆ ● 小さじ1 1/2
 酒 ● 小さじ1 1/2
 砂糖 ● 小さじ1 1/2

作り方

1
耐熱ガラスボウルに煮ものミックスと鶏肉、Aを入れ、全体にからめる。
ラップをじかにかぶせ、小皿を重石代わりにのせ、その上にラップのふたもする。

2
電子レンジ5〜6分加熱すればでき上がり。

バリエーション
副菜 4

大根と昆布の酢じょうゆ漬け

コリコリ、ポリポリの浅漬けは学校給食でも人気投票No.1。
ポリ袋で作る即席漬けはきゅうり、なす、キャベツなどでも

12kcal ●塩分0.5g

材料
[1人分]
大根●50g
昆布[細切り]●ひとつまみ
酢●小さじ1
しょうゆ●小さじ1

作り方

1
大根は、3×1cm角に切る。

2
ポリ袋に1とその他の材料を入れ、袋の外からもむ。
しんなりしたらでき上がり。

バリエーション
副菜 5

ラディッシュの甘酢漬け

酢、砂糖、塩、だしの混ざったすし酢は"さわやか漬けの素"としても大活躍。
この漬けものは前日から作っておいてもおいしい

14kcal●塩分0.7g

材料
[1人分]
ラディッシュ●2個
すし酢●大さじ1

作り方

① ラディッシュは、茎5cmほど残して葉を落とし、2mm間隔に切りこみを入れる。

② ポリ袋に1とすし酢を入れて、袋の外からもむ。しんなりしたらでき上がり。

バリエーション
副菜
6

白菜のハム巻き

レンジでチンした白菜は、ゆで湯に味が逃げないので甘味たっぷり。
ハムと重ねてくるくる巻くとおしゃれな一品のでき上がり。酒の肴にもgood

48kcal●塩分0.8g

材料
[1人分]
白菜●1/2枚
ハム●1枚
パセリ●1本
塩、こしょう●各少量

作り方

① 白菜は、ポリ袋に入れて、電子レンジで1分～1分30秒加熱。

② しんなりしたら取り出して冷まし、ハムを2等分してたてに並べて白菜にのせ、パセリの葉も点々とおき、くるくると巻く。4つに切って、塩、こしょうをふる。

バリエーション
副菜 7

きゅうりと春雨のサラダ

春雨ときゅうり。なんの変哲もない材料ですが、
おべんとうに入っているとしみじみとしたおいしさ

51kcal ●塩分 0.2g

材料
[1人分]
きゅうり●1/2本
塩●少量
春雨[乾]●5g[ほんの少量]
マヨネーズ●小さじ1

作り方

1
きゅうりは、皮をしま状にむき、1cm角×4cmに切る。
塩少量をふり、しんなりしたらペーパーで水分を取る。

2
春雨は、かためにゆでて水に取り、3〜4cm長さに切って冷ます。
1と春雨をマヨネーズであえる。

バリエーション
副菜 8

セロリとにんじんのきんぴら

セロリもにんじんもごぼうに比べて切りやすいし、アクもない。
ということで、きんぴら向きなのです

49kcal ●塩分0.9g

材料
[1人分]
セロリ●4cm [20g]
にんじん●4cm [40g]
サラダ油●小さじ1/2
しょうゆ●小さじ1
砂糖●小さじ1/2
いりごま[黒]●少量

作り方

1. セロリの筋をひき、千切り。にんじんも千切り。

2. サラダ油でソテーし、しょうゆ、砂糖をからめ、いりごまをふる。

バリエーション
副菜 9

えのきだけのおかかまぶし

えのきだけなどきのこ類はたんぱく質が多いので、
加熱すると水けと一緒にうま味が流れ出ます。それを削りかつおに吸わせて

27kcal ●塩分0.4g

材料
[1人分]
えのきだけ●1パック
酒●小さじ1
塩●少量
削りかつお●ひとつまみ

作り方

1
えのきだけの石づきは3cmほど落とし、長さを2等分してほぐす。

2
耐熱ガラスボウルに1を入れ、酒、塩をかけ、ラップをして電子レンジで1分〜1分30秒加熱。取り出して、削りかつおを加えて混ぜる。

バリエーション
副菜 10

玉ねぎと桜えびのかき揚げ

揚げものは塩分を加えなくてもおいしくなる不思議なメニュー。
塩分控えめにしたいときは是非一品加えて

77kcal ●塩分0.0g

材料
[1人分]
玉ねぎ●1/4個[50g]
桜えび●5尾
小麦粉●小さじ2
水●小さじ1〜1 1/2
サラダ油●適量

作り方

1
玉ねぎは、薄切りにしてほぐし、桜えびと混ぜる。
小麦粉をふりかけ、水を加えて、よく混ぜてまとめる。

2
フライパンに油を5mm深さ入れて中火に熱し、1を2等分して、
スプーンですくって落とし入れ、中火でじっくりパリッとなるまで両面を揚げ、油をきる。

Index
材料別さくいん

肉
- キャラメルチキン ●12
- やっこつくね ●14
- かんたん焼き豚 ●18
- 鶏のから揚げ ●22 ●64
- ミートボール ●26
- ポークビーンズ ●32
- ハンバーグ ●36
- すき焼き丼 ●48
- しょうが焼き ●52
- たこさんウインナーごはん ●56
- カツサンド ●62
- コンビーフエッグ ●66
- ミニステーキ ●70
- フランククロコダイル ●72
- レバーの南蛮漬け ●73
- 焼き肉 ●74
- ちりめんとんカツ ●75
- チキンのチーズ焼き ●76
- カツとじ ●77

魚
- さけのフライ ●16
- いかの炒め煮 ●20
- 白身魚のふわふわ ●24
- ぎんだらの竜田揚げ ●28
- かにかまと長いものミニ春巻き ●34
- えびハンバーグ ●38
- さけのパセリ揚げ ●42
- さばのかば焼き風 ●46
- たらの照り焼き ●54
- ちくわとじゃがいもの甘辛煮 ●60
- さばのごま揚げ ●78
- 帆立貝柱のフライ ●79
- あさり貝のしぐれ煮 ●80
- 天ロール ●81
- 野菜のすり身揚げ ●82
- たらのオーロラソース焼き ●83

卵
- 4色卵 ●30
- 卵焼き ●34
- だし巻き卵 ●44

野菜
- クリームかぼちゃ ●12
- きゅうりのコリコリ ●14
- ほうれん草のソテー ●16
- ブロッコリーのじゃこあえ ●18
- さやいんげんのさっと煮 ●20
- なすとにんじんの素揚げ ●22
- ピーマンのそぼろ煮 ●24
- れんこんのカレーハリハリ ●26
- 太めのきんぴら ●28
- 小松菜と煮豆のごまあえ ●30
- フルーツサラダ ●32

ほうれん草のおひたし●34
ポテトサラダ●36
たらこポテト●38
ミックスサラダ●40
かぼちゃ茶巾●42
里いものマッシュ●44
カリフラワーとトマトのピクルス●50
きゅうりもみ●52
ピリ辛こんにゃく●54
さつまいものサラダ●56
ブロッコリーの塩ゆで●60
にんじんとさけのサラダ●62
きのことフルーツのマリネ●64
ゆでグリーンアスパラガス●66
きゅうりの梅あえ●68
もやしのウスターソース炒め●68
フライドポテト●70
にんじんといんげんのグラッセ●70
じゃがいもとベーコンの肉じゃが風●84
プチトマトのごまあえ●85
筑前煮●86
大根と昆布の酢じょうゆ漬け●87
ラディッシュの甘酢漬け●88
白菜のハム巻き●89
きゅうりと春雨のサラダ●90
セロリとにんじんのきんぴら●91
えのきだけのおかかまぶし●92
玉ねぎと桜えびのかき揚げ●93

豆
お豆のチーズあえ●46

ごはん・パン・麺
青菜のおにぎり●14
小梅干しのごはん●16
焼きおにぎり●18
冷やし中華●20
ふりかけパン●22
なっとうごはん●24
一口いなりずし●28
幕の内風俵にぎり●30
チーズパン●32
桜ライス●34
ごま塩ごはん●36
のりふりかけごはん●38
ミートソーススパゲッティ●40
梅ごまごはん●42
じゃこおにぎり●44
ドライカレー●50
お好みおにぎり●52
菜の花ごはん●54
焼きそば●58
カルシウムごはん●60
カレーピラフ●64
ツナとキャベツのパスタ●66
桜ちらしずし●68

村上祥子
むらかみさちこ

福岡県生まれ。福岡女子大学家政学科卒業。管理栄養士。
東京と福岡にクッキングスタジオを主宰し、
テレビ出演、出版、講演、商品開発、母校の大学の講師と幅広く活躍。
自称"空飛ぶ料理研究家"。豊富なレシピとシンプルで手早い調理法には定評がある。
著作に『村上祥子の電子レンジらくらくクッキング』
『村上祥子のらくらく冷凍・解凍クッキング』[ともにブックマン社]などがある。

空飛ぶ料理研究家・村上祥子のホームページ
http://www.murakami-s.com

(株)ムラカミアソシエーツ
山下圭子
水上香織
小林妙子
原島福美
古城佳代子

デザイン
日下充典

撮影
松本祥孝

帯・顔写真撮影
岡本真直

村上祥子のらくらくシリーズ
むずかしいことなし!
村上祥子の1カ月らくらくおべんとうクッキング
1カ月の基本レシピをローテーション

2001年3月30日初版第1刷発行

著者
村上祥子

発行者
木谷仁哉

発行所
株式会社ブックマン社
〒101-0065東京都千代田区西神田3-3-5 tel.03-3237-7777　http://www.bookman.co.jp

印刷所
図書印刷

ISBN 4-89308-427-5
Printed in Japan
定価はカバーに表示してあります。乱丁、落丁本はお取り替え致します。
許可なく複製・転載及び部分的にもコピーすることを禁じます。
©Sachiko Murakami 2001.